BEI GRIN MACHT SICH IHR WISSEN BEZAHLT

- Wir veröffentlichen Ihre Hausarbeit, Bachelor- und Masterarbeit

- Ihr eigenes eBook und Buch - weltweit in allen wichtigen Shops

- Verdienen Sie an jedem Verkauf

Jetzt bei www.GRIN.com hochladen und kostenlos publizieren

Selbstwirksamkeitserleben bei Rauchentwöhnung, Änderung von Konsumenteneinstellungen und Auswirkungen des Organisationsklimas

Jessica Kunze

Bibliografische Information der Deutschen Nationalbibliothek:

Die Deutsche Nationalbibliothek verzeichnet diese Publikation in der Deutschen Nationalbibliografie; detaillierte bibliografische Daten sind im Internet über http://dnb.d-nb.de abrufbar.

ISBN: 9783346761675
Dieses Buch ist auch als E-Book erhältlich.

© GRIN Publishing GmbH
Nymphenburger Straße 86
80636 München

Druck und Bindung: Books on Demand GmbH, Norderstedt Germany
Gedruckt auf säurefreiem Papier aus verantwortungsvollen Quellen

Das vorliegende Werk wurde sorgfältig erarbeitet. Dennoch übernehmen Autoren und Verlag für die Richtigkeit von Angaben, Hinweisen, Links und Ratschlägen sowie eventuelle Druckfehler keine Haftung.

Das Buch bei GRIN: https://www.grin.com/document/1297864

Einsendeaufgabe

Wirtschaftspsychologie

Inhaltsverzeichnis

Abbildungverzeichnis

Abbildung 1: Health Action Process Approach (Seite 6)

Abkürzungsverzeichnis

Aufl.	Auflage
bzw.	beziehungsweise
etc.	et cetera
o. Ä.	oder Ähnliches
vgl.	vergleiche
z. B.	zum Beispiel

1. Teilaufgabe B1

1.1 Gesundheitsverhalten in der Gesundheitspsychologie

Im Forschungsgebiet der Gesundheitspsychologie stellt das Gesundheits-verhalten (engl. *health behavior, health action*) des Menschen ein zentrales Konzept dar, welches den aktiven Beitrag von Menschen zum Erhalt ihrer individuellen Gesundheit umfasst (Faltermaier, 2019). Gesundheitsverhalten kann auch als präventive Lebensweise bezeichnet werden, deren Ziel es ist, physische und psychische Schäden vom Individuum fernzuhalten, die persönliche Fitness zu fördern und dadurch die Lebenserwartung zu verlängern (Schwarzer, 2004, S. 5).

Dabei kann zwischen zwei gesundheitsrelevanten Verhaltensweisen unterschieden werden:

- die Ausführung von gesundheitsförderlichen Handlungen (z. B. gesunde Ernährung oder sportliche Aktivität)
- das Unterlassen von gesundheitsgefährdenden Handlungen (z. B. das Unterlassen von Rauchen, Alkoholkonsum, etc.)

Mithilfe verschiedener Prozessmodelle wird in der Gesundheitspsychologie versucht, das Gesundheitsverhalten von Menschen zu erklären und vorherzusagen. Gleichzeitig sollen diese Modelle entscheidende Einflussfaktoren bzw. „Stellgrößen" identifizieren, die möglicherweise beeinflusst werden können, um gezielte Veränderungen zu ermöglichen (Bareiß et al., 2013, S. 60).

Im Folgenden soll das Prozessmodell des Health Action Process Approach (kurz: HAPA) am Beispiel der Raucherentwöhnung betrachtet werden.

1.2 Der Health Action Process Approach (HAPA)

Grundsätzlich existieren mehrere Modelle zur Erklärung und Vorhersage des menschlichen Gesundheitsverhaltens. Im Jahr 1992 entwickelte Prof. Ralf Schwarzer das sozial-kognitive Prozessmodell des Gesundheitsverhaltens, oder auch Health Action Process Approach (kurz: HAPA) genannt. Es kennzeichnet sich dadurch, dass es eine Integration vorhandener Gesundheitsmodelle darstellt.

Wie in Abbildung 1 dargestellt, unterteilt das HAPA-Modell den Gesamtprozess in zwei Phasen ein, die präintentionale Motivationsphase und die postintentionale Volitionsphase.

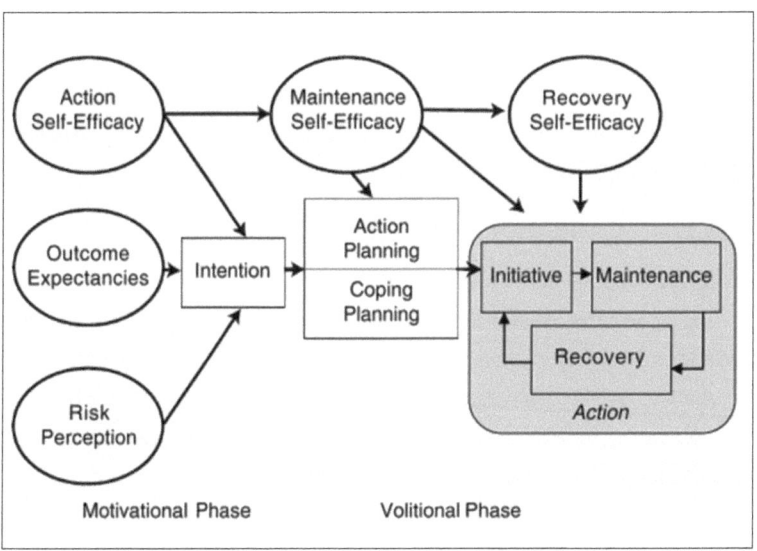

Abbildung 1: Health Action Process Approach
Quelle: Schwarzer, et al., 2008

Auf den Ablauf und die Merkmale der beiden Teilprozesse wird im Folgenden genauer eingegangen.

1.2.1 Motivationsphase

Die motivationale Phase zeichnet sich dadurch aus, dass hier zunächst die Intention gebildet wird, das eigene Gesundheitsverhalten zu verändern, indem entweder ein gesundheitsförderliches Verhalten begonnen oder ein gesundheitsgefährdendes Verhalten vermieden werden soll (Bareiß et al., 2013, S. 63).

Die meisten sozial-kognitiven Theorien sehen die Intention als wichtigste und direkteste Einflussgröße für tatsächliche Verhaltensänderungen. Jedoch verhalten sich Menschen nicht immer entsprechend ihren ursprünglichen Intentionen, beispielsweise aufgrund unvorhergesehener Hindernisse oder weil sie Verlockungen nicht widerstehen können. Daher muss die Intention oftmals durch weitere Faktoren ergänzt werden, um die Umsetzung zu erleichtern, wie z. B. wahrgenommene Selbstwirksamkeit und strategische Planung (Schwarzer, et al., 2008, S. 157).

Die Intensionsbildung wird laut Schwarzer durch drei sozial-kognitive Variablen beeinflusst (siehe Abbildung 1):

1. Risikowahrnehmung (*Risk Perception*)

Der Mensch nimmt ein Risiko für die eigene Gesundheit wahr, entweder aufgrund erneuter Fokussierung auf bereits vorhandenes Wissen oder neu erhaltener Informationen, beispielsweise durch den Erhalt eines Testresultats des Arztes (z. B. „Ich habe ein erhöhtes Risiko für Herz-Kreislauf-Erkrankungen") (Bareiß et al., 2013, S. 63). Die Risikowahrnehmung allein reicht allerdings meist nicht aus, um eine Absichtsbildung zu ermöglichen. Vielmehr löst die Wahrnehmung des Risikos ein Nachsinnen über mögliche Konsequenzen aus (z. B. „Ich könnte an einer dieser Erkrankungen frühzeitig versterben.") (Schwarzer, et al., 2008, S. 157).

2. Ergebniserwartung (*Outcome Expectancies*)

Ein weiterer wichtiger Faktor ist die (positive) Ergebniserwartung (z. B. „Wenn ich fünf Mal pro Woche Sport treibe, reduziere ich mein kardiovaskuläres Risiko"). Jedoch können dem gegenüber auch negative Ergebniserwartungen stehen (z. B. „Wenn ich fünf Mal pro Woche Sport treibe, fehlt mir zwischen

Arbeit und Haushalt die Zeit zur Entspannung"). Der Mensch muss also zwischen diesen Vor- und Nachteilen abwägen. Voraussetzung für diesen Prozess ist die Kenntnis der Person über Verhaltensweisen die potenziell in der Lage sind gewünschte Veränderungen zu erreichen (Bareiß et al., 2013, S. 63).

3. Selbstwirksamkeit (Action Self-Efficacy)

Um eine Verhaltensintention zu bilden, muss die Person grundsätzlich an die eigene Fähigkeit glauben, eine gewünschte Handlung bzw. Veränderung durchzuführen (z. B. „Ich bin in der Lage, meinen Trainingsplan trotz der Versuchung zum Fernsehen einzuhalten") (Schwarzer, et al., 2008, S. 158).

Kommt es mithilfe dieser Faktoren zu einer Zielsetzung, ist damit die Intention zur Veränderung des Gesundheitsverhaltens gebildet und der Prozess geht in die Volitionsphase über.

1.2.2 Volitionsphase

In der volitionalen Phase wird die zuvor gebildete Intention, das gesundheitsbezogene Handeln zu ändern, in die Tat umgesetzt.

Da die gewünschte Veränderung meist nicht durch einen einzigen Willensakt erreicht werden kann, ist es wichtig, die entstandene Selbstwirksamkeit aufrechtzuerhalten (siehe Maintenance Self-Efficacy in Abbildung 1). Dies erfordert die Fähigkeit sich selbst zu regulieren und bei Misserfolg zu regenerieren, sowie strategische Planung. Diese Planung wird in Abbildung 1 in zwei Abschnitte unterteilt:

1. „Action planning" bezeichnet die Planung der vorgenommenen Handlung. Im Gegensatz zur grundlegenden Intention, zeichnet sich dieser Abschnitt durch die Planung auf Basis konkreter Situationsparameter (z. B. „wann", „wo" oder „wie") aus. Durch diese Spezifizierung kann sich die Person Handlungssequenzen besser merken und wird diese auch in der entsprechenden Situation mit einer größeren Wahrscheinlichkeit ausführen.

2. Bewältigungsplanung, oder auch „Coping planning", stellt die voraus-schauende Planung zur Überwindung von Hindernissen dar. Die Person bereitet sich also mental auf mögliche Szenarien vor, in denen unerwartete Ereignisse die geplante Handlung

behindern könnten (z. B. „Wenn es am Sonntag regnet und ich deshalb nicht wie geplant zum Joggen gehen kann, gehe ich stattdessen zum Schwimmen ins Hallenbad") (Schwarzer, et al., 2008, S. 158).

Die Ausführung des geplanten Handelns, die Bewahrung der Selbstwirksamkeit und das Erholen bei Rückschlägen durch Bewältigungsplanung bildet für den restlichen Prozess einen fortlaufenden Kreislauf.

1.3 Anwendungsbeispiel Entwöhnung chronischer Raucher

Laut Angaben des Robert Koch-Instituts sterben in Deutschland jährlich mehr als 100.000 Menschen an den Folgen des Rauchens. Das Rauchen stellt damit das bedeutendste einzelne Gesundheitsrisiko und die führende Ursache vorzeitiger Sterblichkeit in den Industrienationen dar. Insbesondere Herz-Kreislauf-, Atemwegs- und Krebserkrankungen treten bei Raucherinnen und Rauchern vermehrt auf.

Im hier analysierten Beispiel wird die Behandlung chronischer Raucher, die das Rauchen aufgeben wollen, nach dem HAPA-Modell betrachtet. Es lässt sich also davon ausgehen, dass sich die betroffenen Personen bereits die Risiken und die damit zusammenhängenden Konsequenzen bewusst gemacht haben, da sie sonst wohl nicht zu der Entscheidung gekommen wären, das Rauchen aufgeben zu wollen.

In diesem Fall beginnt der Einstieg in die Motivationsphase mit der Ergebniserwartung. Hier ist es wichtig, nicht nur die positiven Erwartungen (z. B. „Wenn ich aufhöre zu rauchen, verbessert sich meine Lungenfunktion"), sondern auch die negativen Erwartungen (z. B. „Wenn ich aufhöre zu rauchen, leide ich an Entzugserscheinungen") zu berücksichtigen. Es müssen den Betroffenen also Wege und Möglichkeiten aufgezeigt werden, wie unter Berücksichtigung dieser medizinischen Faktoren eine Verbesserung des Gesundheitsverhaltens erzielt werden kann (z. B. durch Einsatz von Nikotinpflastern).

Weiterhin kann die Intentionsbildung der Personen durch das Fördern der Selbstwirksamkeit unterstützt werden. Beispielsweise kann dem Betroffenen dabei geholfen werden sich bewusst an vergangene Situationen oder Phasen zu erinnern, die für ihn sehr schwierig waren, die er aber dennoch durch Einsatz und Bemühung erfolgreich gemeistert hat.

Ist die Intention bzw. das Ziel festgesetzt, geht es in der Volitionsphase an die konkrete Planung der Verhaltensänderung. Die Person könnte beispielsweise den Zigarettenkonsum schrittweise reduzieren, indem sie damit beginnt, im Tageswechsel Nikotinpflaster zu nutzen, statt zu rauchen.

Vorausschauend sollten Situationen durchdacht werden, die ungewollt zum Rauchen verführen könnten (z. B. „Wenn mir die Kollegen morgen in der Frühstückspause eine Zigarette anbieten, lehne ich freundlich, aber selbstbestimmt ab.").

Sollte die betroffene Person doch ungewollt zur Zigarette greifen ist es wichtig, nicht den Mut zu verlieren und dadurch in alte Muster zu verfallen, sondern sich stattdessen die Risiken, Konsequenzen und Ziele wiederholt bewusst zu machen, um durch erneute Motivation wieder zur gewünschten Verhaltens-änderung zurückzufinden.

Im Laufe der Entwöhnung muss das eigene Gesundheitsverhalten daher in einem fortlaufenden Kreislauf permanent beobachtet und gegebenenfalls reguliert werden.

2. Teilaufgabe B2

Bei Konsumenteneinstellungen handelt es sich um ein hypothetisches Konstrukt, bei dem davon ausgegangen wird, dass die Motive, Werturteile und Emotionen von Konsumenten zu Gegenständen bzw. Produkten Einfluss auf deren Kaufverhalten nehmen. Die Messung der Konsumenteneinstellungen und daraus entstehende Rückschlüsse auf die Verhaltensweisen von Konsumenten bilden einen wichtigen Teil der Marktforschung und die Basis für operatives und strategisches Marketing (Wagenführer, 2012).

Felser (2015, S. 421) nennt 15 verschiedene Erhebungsmethoden für die Messung der Konsumenteneinstellungen:

- Blickbewegung
- Freies Erinnern
- Verbalprotokoll
- Projektive Tests
- Pupillenreaktion
- Reaktionszeiten
- Semantisches Differential
- Fragebogen

- Eyes-on-Screen
- Implizite Maße
- Schnellgreifbühne
- Tiefeninterview, laddering
- Hautwiderstand
- Befragung
- Programmanalysator

Aufgrund des begrenzten Rahmens dieser Arbeit wird in den folgenden Abschnitten daher im Bezug auf das Beispiel „e-Bikes" gezielt auf die Erhebungsmethoden der Befragung und der projektiven Tests eingegangen.

2.1 Befragungen

Die Befragung ist in der Markt- und Werbepsychologie ein häufig und intensiv genutztes Instrument für die Erhebung von Daten. Sie lässt sich sowohl mündlich als auch schriftlich und sowohl in Gruppen- als auch als Einzelbefragung durchführen (Merk, et al., 2015).

Mögliche Befragungsformen sind die persönliche Befragung (Interview), die schriftliche Befragung, die telefonische Befragung oder die Onlinebefragung. Die Wahl der geeigneten Befragungsform ist beispielsweise abhängig von der Länge der Befragung (persönlich: lange Befragungen möglich, telefonisch: mittel, online und schriftlich: niedrig), den Kosten (persönlich: hoch, telefonisch: mittel, online und schriftlich: niedrig), den notwendigen Stimuli (z. B. können im persönlichen Gespräch oder online ergänzende Bilder gezeigt werden) und der erforderlichen Schnelligkeit (persönlich und schriftlich: langsam, telefonisch und online: schnell) (Wübbenhorst, 2021).

Um die Einstellung von potenziellen Fahrradkäufern zum Thema „e-Bike" zu messen, könnten beispielsweise anwesende Kunden eines Fahrradgeschäfts direkt um ein kurzes Interview oder um das Ausfüllen eines standardisierten Fragebogens zum Thema e-Bikes gebeten werden. Dabei könnte z. B. nach Vor- und Nachteilen von e-Bikes gefragt werden, sowie nach Faktoren, die dem Kunden bei der Kaufentscheidung wichtig erscheinen, wie z. B. Preis, Wartungsaufwand, o. Ä. Die Methoden der persönlichen und schriftlichen Befragung sind jedoch sehr zeitintensiv. Eine schnellere und günstigere Alternative stellt beispielsweise eine Onlinebefragung dar. Mit dieser kann eine Vielzahl an Personen ortsunabhängig erreicht werden, des Weiteren bietet sie den Vorteil einer schnellen computergestützten Auswertung.

Befragungen bringen jedoch auch folgende methodischen Probleme und Einschränkungen mit sich (Merk, et al., 2015):

- Die Meinungen und Einstellungen können sich je nach Fragen und Nachfragetechnik des Interviewers ändern.
- Die befragten Personen sind meist der Meinung, dass ihre Einstellungen rational gesteuert sind, was häufig tatsächlich nicht der Fall ist.
- Die Befragten bleiben tendenziell ungern eine Antwort schuldig, wodurch es passieren kann, dass sie etwas erfinden, um wenigstens etwas gesagt zu haben.
- Die Befragten möchten einem bestimmten Bild entsprechen, das sie von sich selbst haben und beeinflussen dadurch die Ergebnisse.
- Die unbewusst ablaufenden kognitiven und emotionalen Prozesse der Versuchspersonen, können dabei nicht gemessen werden.

Aufgrund dieser einschränkenden Faktoren ist es oft sinnvoll, der klassischen Befragung projektive Verfahren vorzuziehen. Diese Erhebungsmethoden werden im Folgenden genauer beschrieben.

2.2 Projektive Tests

Projektive Tests sind Verfahren, bei denen Versuchspersonen zu mehrdeutigen Vorgaben spontan assoziieren sollen. Der Grundgedanke dabei ist, dass die Probanden ihre verdrängte bzw. unbewusste Motivlage in das spontane Material hineinprojizieren und dadurch emotionale Tönungen erfasst werden können. Projektive Daten sind so gesehen ein Standardfall für indirekte Messungen (Greenwald & Banaji, 1995). Projektive Verfahren sind nicht besonders gut durchschaubar. Die Probanden wissen nicht, wie die gegebenen Antworten später gedeutet werden, daher ist eine gezielte gedankliche Kontrolle der Antworten meist nutzlos (Felser, 2015, S. 427).

Bekannte projektive Tests stellen der Thematische Apperzeptionstest (TAT) von Murray oder der Tintenklecckstest von Hermann Rorschach dar, welche klassisch in der klinischen Psychologie angewandt werden. Die Anwendung projektiver Verfahren in der Marktforschung unterscheidet sich von der klinischen Anwendung im Wesentlichen dadurch, dass nicht versucht wird, etwas über die Persönlichkeit der Versuchsperson herauszufinden, sondern der Fokus der Untersuchung auf dem Produkt liegt. Ein weiterer Unterschied bildet das verwendete Material, welches beispielsweise beim TAT oder dem Rorschach-Test seit Jahrzehnten gleich ist, jedoch in der Marktforschung beliebig verändert werden kann. Im Grunde kann ein projektives Marktforschungsverfahren zu jedem neuen Produkt auch immer neu konstruiert werden. Die einzige Voraussetzung ist, dass das Aufgabenmaterial mehrdeutig sein muss. Der Bezug zum Produkt kann dabei entweder über das Material oder die Instruktionen hergestellt werden (Felser, 2015, S. 425).

Im Folgenden werden einige von Felser (2015, S. 425-426) vorgestellte projektive Verfahren am Beispiel „e-Bikes" betrachtet.

Einfache projektive Frage: Bei dieser Methode werden die Versuchspersonen nicht nach ihrer eigenen Einstellung zum Produkt befragt, sondern nach der Einstellung einer anderen, vorgestellten Person. Die Frage könnte z. B. lauten: „Warum bevorzugen e-Bike-Fahrer Fahrräder mit Elektrohilfsmotoren statt dem klassischen Fahrrad?" Grundgedanke dieses Verfahrens ist, dass die Probanden hierbei Ansichten äußern, die sie selbst insgeheim vertreten, sich selbst aber nicht offen zuschreiben würden.

Ballon- oder Picture-Frustration-Test: Diese Methode zeichnet sich dadurch aus, dass den Versuchspersonen eine Konfliktsituation in Bildern vorgelegt wird. In der Regel schildert in der Darstellung eine Person in einer Sprechblase den Konflikt (z. B. „Es sollte ein E-Bike-Verbot in den Alpen geben!"). Die Sprechblase der zweiten Person ist leer und soll von der Versuchsperson mit möglichen Entgegnungen gefüllt werden. In anderen Varianten sollen die Probanden die Sätze der Bildpersonen ergänzen, z. B. „Es sind doch immer dieselben Leute, die e-Bikes fahren, nämlich..."

Bildzuordnung- oder Collagentechnik: Bei diesem Verfahren sollen Versuchspersonen dem dargestellten Produkt, in diesem Fall einem e-Bike, Bilder zuordnen. Diese Bilder oder auch Textteile können beispielsweise aus Zeitschriften und Illustrierten entnommen und zusammengestellt werden. Aus den zugeordneten Bildern können emotionale Verknüpfungen der Probanden zum dargestellten Produkt abgeleitet werden.

Assoziative Verfahren: Bei diesen Tests sollen die Versuchspersonen alles verbalisieren, was ihnen zu einer bestimmten Vorgabe durch den Kopf geht. Dabei kann es sich um mehrdeutige Vorgaben aber auch um klare Fragen handeln, z. B. „Sprechen Sie bitte alles aus, was Ihnen zu dem Begriff e-Bike durch den Kopf geht." Eine weitere Möglichkeit wäre Satzergänzungen, wie: „Hätten e-Bikes doch bloß..." Entscheidend bei diesem Versuch sind auch hier wieder die spontanen, automatischen und ungefilterten Gedanken der Versuchspersonen. Um diesen Effekt zu verstärken kann auch mit Zeitdruck gearbeitet werden.

Ein weiteres Beispiel für ein projektives Verfahren stellt die Untersuchung von Haire (1950) dar. Um herauszufinden, warum viele Konsumentinnen Pulverkaffee ablehnten, legte er einer Reihe von Hausfrauen Einkaufslisten vor, die sich nur darin unterschieden, dass eine Liste Pulverkaffee und eine Liste Bohnenkaffee enthielt. Die Probandinnen wurden gebeten, die Personen zu beschreiben die diese Einkaufszettel möglicherweise geschrieben haben. Die Person, die den Pulverkaffee auf die Liste gesetzt hatte, wurde unter anderem als faul, knauserig, schlechte Ehefrau und nicht im Stande die Familie gut zu versorgen bezeichnet. Als Folge wurden die Werbemaßnahmen so verändert, dass Pulverkaffee mit kompetenter und effizienter Haushaltsführung assoziiert werden kann. Am Beispiel „e-Bikes" könnte ein ähnlicher Versuch durchgeführt werden. Potenziellen Fahrradkäufern könnte eine Liste mit Eigenschaften zur projektiven Beschreibung einer fiktiven Person vorgelegt werden. Die Instruktion könnte lauten, einem fiktiven e-Bike-Fahrer Eigenschaften (z. B. faul, modern, intelligent, gesundheitsbewusst, bequem, etc.) auf einer Skala von „trifft gar nicht zu" bis „trifft voll zu" zuzuordnen. Daraus können Rückschlüsse gebildet werden, ob die Versuchspersonen e-Bikes eher positiv oder negativ gegenüberstehen und welche Gründe möglicherweise ausschlaggebend sind.

Zusammenfassend lässt sich sagen, dass die Einstellungen von Konsumenten durch viele verschiedene Methoden ermittelt werden kann. Je nach Situation sollte die Art der Ermittlung von Kosten, Zeitaufwand und Dringlichkeit abhängig gemacht werden.

3. Teilaufgabe B3

3.1 Begriffsdefinition Organisationsklima

Jede Organisation, ob Nationen, Betriebe oder Familien, bildet eine Kultur heraus, die das kollektive organisatorische Verhalten und das Verhalten von Individuen innerhalb der Organisation bestimmt. Dabei ist das Organisationsklima ein wichtiger Bestandteil jeder Organisationskultur. Der Begriff „Klima" hat seinen Ursprung in der Wetterkunde und bezeichnet eine längerfristige, durchschnittliche und für eine Region charakteristische Wetterlage. Im psychologischen Bereich wurde das Wort zuerst bei dem Versuch verwendet, die geprägte Atmosphäre in einer sozialen Gruppe zu charakterisieren, wodurch sich die Bezeichnung „soziales Klima" etablierte. Erst 1960 wurde der Begriff das erste Mal in einem betrieblichen Zusammenhang verwendet, um die Beziehungen zwischen Führungskräften und ihren Mitarbeitern zu beschreiben. Die daraus folgende Bezeichnung *managerial climate* wurde allgemein als „Betriebsklima" ins Deutsche übertragen. Darunter wird demnach die Stimmung bzw. die Atmosphäre verstanden, die für eine Organisation (z. B. eine Gruppe, einen Betrieb, etc.) oder ihre Teileinheiten typisch ist und von den zugehörigen Organisationsmitgliedern wahrgenommen und bewertet wird (Nerdinger, 2019).

Der Begriff „Betriebsklima" wird jedoch eher umgangssprachlich verwendet und hat sich in der Wissenschaft nicht durchgesetzt. Hier wird stattdessen von Organisationsklima gesprochen, welche die relativ überdauernde Qualität der inneren Umwelt der Organisation beschreiben soll, die durch die Mitarbeiter erlebt wird, ihr Verhalten beeinflusst und durch die Werte einer bestimmten Menge von Merkmalen der Organisation beschrieben werden kann. Das Organisationsklima thematisiert dabei nicht nur soziale Aspekte innerhalb der Organisation, sondern berücksichtigt sämtliche dazugehörigen relevanten Merkmale, wie z. B. Kollegen, Vorgesetzte, Aufbau- und Ablauforganisation, Informationsfluss und Mitsprachemöglichkeiten, Zusammenarbeit zwischen den Abteilungen, Interessenvertretung, betriebliche Leistungen, etc. (Rosenstiel & Nerdinger, 2011).

Im Folgenden wird erläutert, wie das Organisationsklima gemessen werden kann.

3.2 Methoden zur Messung des Organisationsklimas

Will man die Befindlichkeit und Wahrnehmung von Menschen innerhalb einer Organisation bzw. eines Betriebs erfassen und dafür Konzepte entwickeln, so sind nach von Rosenstiel (Rosenstiel & Bögel, 1992) vor allem drei Aspekte bzw. Facetten bedeutsam, welche im Folgenden kurz umschrieben werden.

Die **Analyseeinheit:** Hier wird entschieden, ob das „Ich" oder das „Wir" im Vordergrund steht. Soll z. B. das Erleben des Individuums oder das Erleben der Gruppe bzw. des sozialen Kollektivs gemessen werden?

Das **Analyseelement:** Hier ist zu entscheiden, ob der abgegrenzte Arbeitsbereich oder das darüber hinausreichende Umfeld innerhalb des Betriebs im Vordergrund steht. Hierzu würden z. B. Kollegen, Vorgesetzte, Aufbau- und Ablauforganisation und der Informationsfluss gehören.

Die **Art der Erfassung:** Hier wird entschieden ob eher eine Beschreibung von Personen und Umständen gewünscht ist oder eher eine Bewertung des Wahrgenommenen.

Aus diesen drei Facetten, in der jede zwei Ausprägungen hat, ergeben sich acht Kombinationen, auf die der Fokus gelegt werden kann. Möchte man beispielsweise die Arbeitszufriedenheit messen, zieht man als Analyseeinheit den Einzelnen, also das Individuum heran, beim Analyseelement den Arbeitsplatz und wählt als Art der Erfassung die Bewertung.

Möchte man jedoch das Organisationsklima (oder auch Betriebsklima) messen, so ist die Kombination dieser Facetten eine andere. Da das Organisationsklima durch das Verhalten von einer Mehrzahl an Menschen entsteht, wird die Analyseeinheit auch auf der Ebene des sozialen Aggregats, also der Gruppe oder der ganzen Organisation erhoben. Es ist nicht die einzelne individuelle Meinung, sondern die von allen Organisationsmitgliedern geteilte Sicht der Organisation interessant (Nerdinger, 2019). Bezüglich des Analyseelements steht nicht die Arbeit des Einzelnen oder sein Arbeitsplatz im Vordergrund, sondern die darüber hinausreichenden betrieblichen Bedingungen und wie sie beispielsweise innerhalb der Abteilung oder innerhalb des Gesamtunternehmens wahrgenommen werden. Die Art der Erfassung ist bei der Messung des Organisationsklimas wiederum nicht so eindeutig festlegbar, da hier sowohl die Beschreibung der wahrgenommenen Umstände als auch die Frage interessant ist, ob diese positiv oder negativ empfunden werden (Rosenstiel & Bögel, 1992).

Da diese Sicht nicht unmittelbar beobachtet werden kann, hat sich die Befragung der Organisationsmitglieder als geeignetes Instrument zur Erfassung des Organisationsklimas erwiesen. In Unternehmen wird dies in der Regel in der Form einer schriftlichen, anonymen Mitarbeiterbefragung durchgeführt. Die bekannteste standardisierte Vorlage hierfür ist im deutschen Sprachraum der Fragebogen von Dr. Lutz von Rosenstiel (Rosenstiel & Bögel, 1992), der über die Jahre auf Grund gesammelter Erfahrungen modifiziert und verbessert wurde. Der entwickelte Fragebogen soll laut von Rosenstiel nicht nur objektiv, reliabel und valide sein, sondern noch weitere Kriterien erfüllen. Der Fragebogen soll außerdem:

- einem klaren theoretischen Konzept entsprechen (vgl. die zuvor genannte Facettenanalyse)
- inhaltlich jene Dimensionen der wahrgenommenen Bedingungen eines Betriebes erfassen, die als besonders bedeutsam erscheinen.
- verständlich und leicht verfügbar sein, damit auch kleine und mittelständige Unternehmen die Möglichkeit haben, ohne eigenen Entwicklungsaufwand das eigene Organisationsklima zu untersuchen.
- Vergleichswerte haben, damit jeder Betrieb, der das Verfahren anwendet, seine Ergebnisse vergleichen und einschätzen kann.

Der Fragebogen von Dr. Lutz von Rosenstiel teilt sich in sieben Dimensionen auf: Allgemeine Fragen, Kollegenbeziehungen, Vorgesetztenverhalten, Organisation, Information und Mitsprache, Interessenvertretung, Betriebliche Leistungen.

Zu jeder dieser Dimensionen werden Fragen verfasst, die der Befragte auf einer 5-Punkte-Skala (z. B. sehr schlecht, schlecht, weder schlecht noch gut, gut, sehr gut) beantwortet. Die Ergebnisse der gegebenen Antworten werden bei der Auswertung summiert und diese Summe dann durch die Anzahl der in die Summe eingegangen Einzelwerte geteilt wird. Daraus ergibt sich der arithmetische Mittelwert (Rosenstiel & Bögel, 1992, S. 49). Jedoch können die Ergebnisse erst durch den Vergleich mit dem Klima in anderen Betrieben interpretiert werden (Nerdinger, 2019).

3.3 Auswirkungen des Organisationsklimas auf das Erleben und Verhalten der Organisationsmitglieder

Es besteht heute ein weitgehender Konsens, dass das Organisations- bzw. Betriebsklima Auswirkungen auf die Leistungsbereitschaft der Mitarbeiter und damit auf das Betriebsergebnis hat. Rosenstiel und Bögel (1992, S. 35) sehen dies differenzierter und weisen darauf hin, dass dieser Wirkungszusammenhang zum Teil direkt, zum Teil nur indirekt herzustellen ist.

Als direkte Beziehung sehen sie, dass sich Mitarbeiter in einem guten Organisationsklima wohl fühlen und demnach keine schwerwiegenden Konflikte die Beziehungen untereinander negativ beeinflussen. In einer solchen Situation wird der Einzelne kaum daran denken, durch Passivität Widerstand oder „Dienst nach Vorschrift" zu leisten. Es wird also auch keine Energie dafür aufgebracht Kollegen „anzugreifen" oder sich selbst gegen solche „Angriffe" zu wehren.

Als indirekte Beziehung sehen die Autoren den Hinweis darauf, dass je besser das Organisationsklima, desto geringer die Wahrscheinlichkeit der Kündigung oder des Fernbleibens vom Arbeitsplatz. Dabei wird aber nicht davon ausgegangen, dass der einzelne Mitarbeiter sich vor der Arbeit „drückt", sondern dass das Organisationsklima generell Auswirkungen auf die psychische und physische Gesundheit haben kann. Stress und Unwohlsein können sich auf Dauer negativ auf den Einzelnen auswirken, wohingegen ein angenehmes Organisationsklima positive Auswirkungen haben kann, z. B. motivierend und erfüllend sein kann. Ein gesunder Mitarbeiter ist in der Regel leistungsfähiger als ein kranker Mitarbeiter. Weiterhin kann das Organisationsklima sich auch auf das Leben außerhalb des Betriebes bzw. der Organisation auswirken, z. B. auf die Familie oder das Freizeiterleben.

Zusammenfassend lässt sich also sagen, dass das Organisationsklima aufgrund leicht verfügbarer Fragebögen einfach und schnell zu messen ist und sich ein positives Organisationsklima sowohl auf das Unternehmen als auch auf den einzelnen Mitarbeiter grundsätzlich vorteilhaft auswirken kann.

Literaturverzeichnis

Bareiß, A., Meister, A. & Merk, J. (2013). *Gesundheits- und Arbeitspsychologie*, Studienbrief der SRH Fernhochschule, Riedlingen.

Faltermaier, T. (2019). *Lexikon der Psychologie*, 16., überarbeitete Aufl., Hogrefe. (https://dorsch.hogrefe.com/stichwort/gesundheitsverhalten-gesundheitshandeln)

Felser, G. (2015). *Werbe- und Konsumentenpsychologie*. 4. erweiterte und vollständig überarbeitete Aufl., Berlin, Heidelberg: Springer.

Greenwald, A. G., & Banaji, M. R. (1995). *Implicit social cognition: Attitudes, self-esteem, and stereotypes*. Psychological Review, 102, 4–27.

Haire, M. (1950). Projective techniques in marketing research. In: *Journal of Marketing*, 14, 649–626.

Merk, J., Meister, A. & Thunsdorff, C. (2015). *Markt- und Werbepsychologie*. Studienbrief der SRH Fernhochschule, Riedlingen.

Nerdinger, F. W. (2019): Organisationsklima und Organisationskultur. In: Nerdinger, F. W., Blickle, G. & Schaper, N. (Hg.): *Arbeits- und Organisationspsychologie*. 4., vollständig überarbeitete Aufl.. Berlin, Germany: Springer (Springer-Lehrbuch), S. 163–177.

Robert Koch-Institut (2021) *Gesundheitsmonitoring: Rauchen*, zuletzt abgerufen am 05.08.2021. https://www.rki.de/DE/Content/Gesundheitsmonitoring/Themen/Rauchen/Rauchen_node.html

Schwarzer, R. (2004). *Psychologie des Gesundheitsverhaltens – Einführung in die Gesundheitspsychologie*, 3., Überarbeitete Aufl., Göttingen: Hogrefe.

Schwarzer, R., Lippke, S. & Ziegelmann, J. P. (2008). Health action process approach. In: *Zeitschrift für Gesundheitspsychologie* (16), S. 157–160, Göttingen: Hogrefe.

von Rosenstiel, L., Bögel, R. (1992): *Betriebsklima geht jeden an!* 4. Aufl. München: Bayerisches Staatsministerium für Arbeit und Sozialordnung, Familie, Frauen und Gesundheit.

Wagenführer, D. (2012). *Konsumenteneinstellungen im Social Web. Neuartige Ansätze im internetbezogenen Kontext.* Wiesbaden: Springer Gabler.

Wübbenhorst, K. (2019). *Gabler Wirtschaftslexikon – Das Wissen der Experten,* Wiesbaden: Springer Gabler. https://wirtschaftslexikon.gabler.de/definition/befragung-26948/version-250612